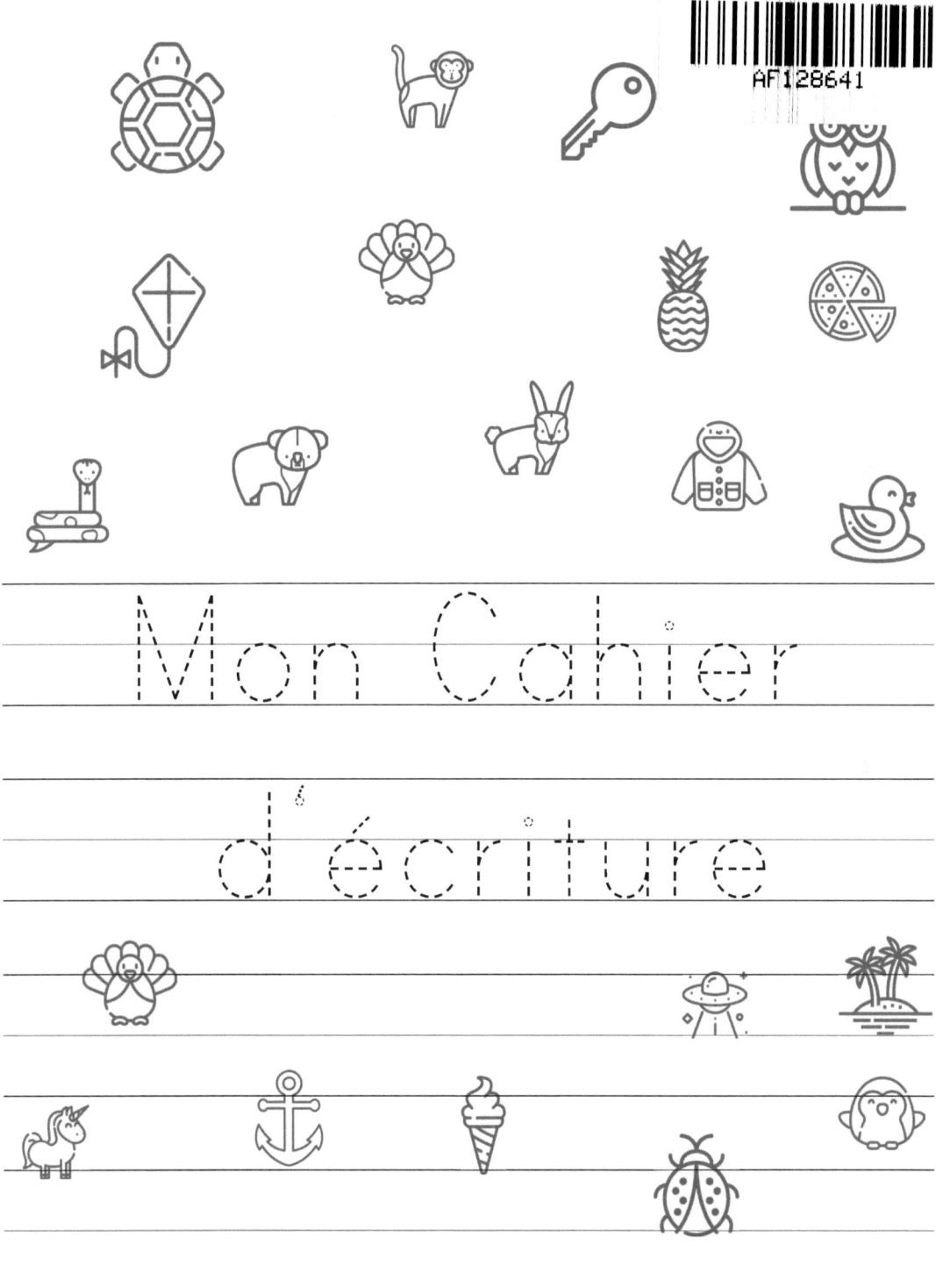

A

MOTS QUI COMMENCENT PAR A

ANGE

B .....
MOTS QUI COMMENCENT PAR B

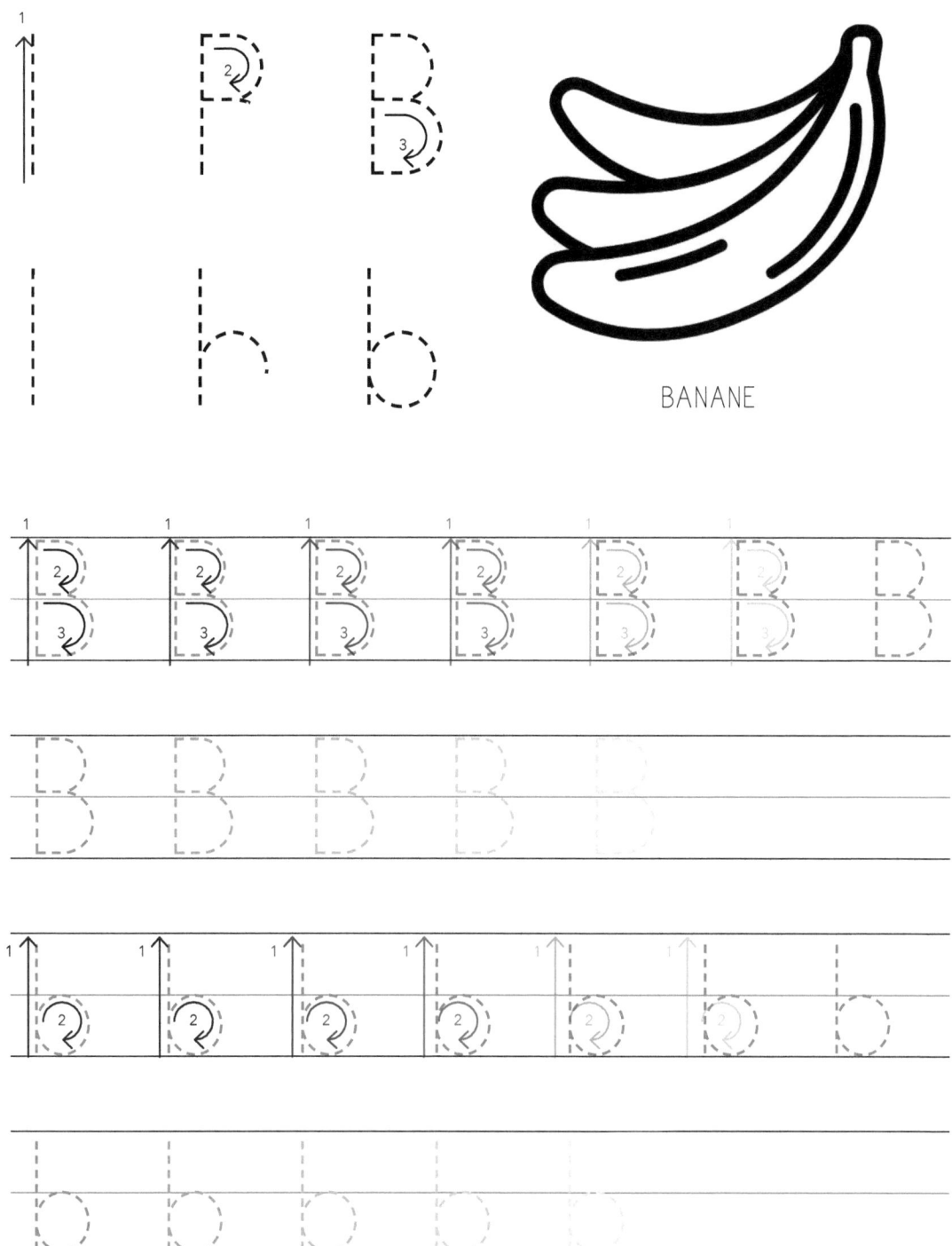

BANANE

BBBBBBBBBB

BBBBBBBBBB

BBBBBBBBBB

BBBBBBBBBB

C

MOTS QUI COMMENCENT PAR C

CLOWN

D

MOTS QUI COMMENCENT PAR D

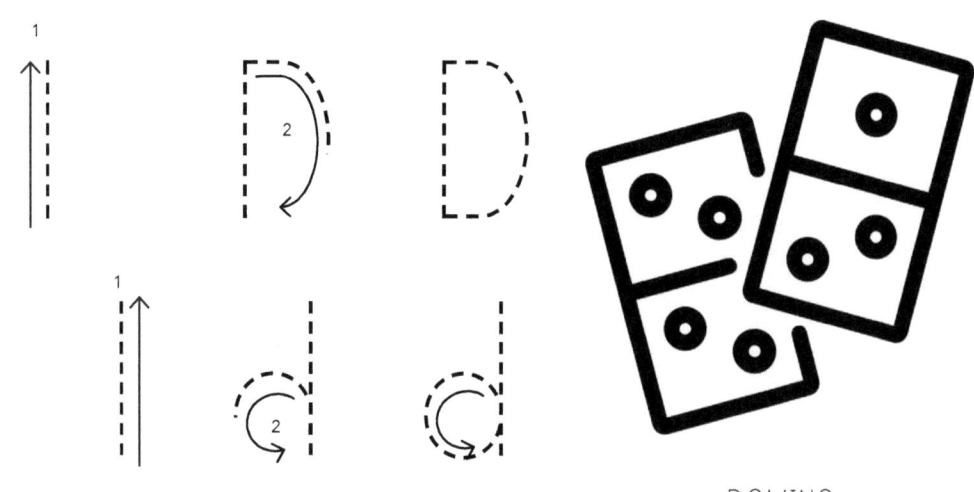

DOMINO

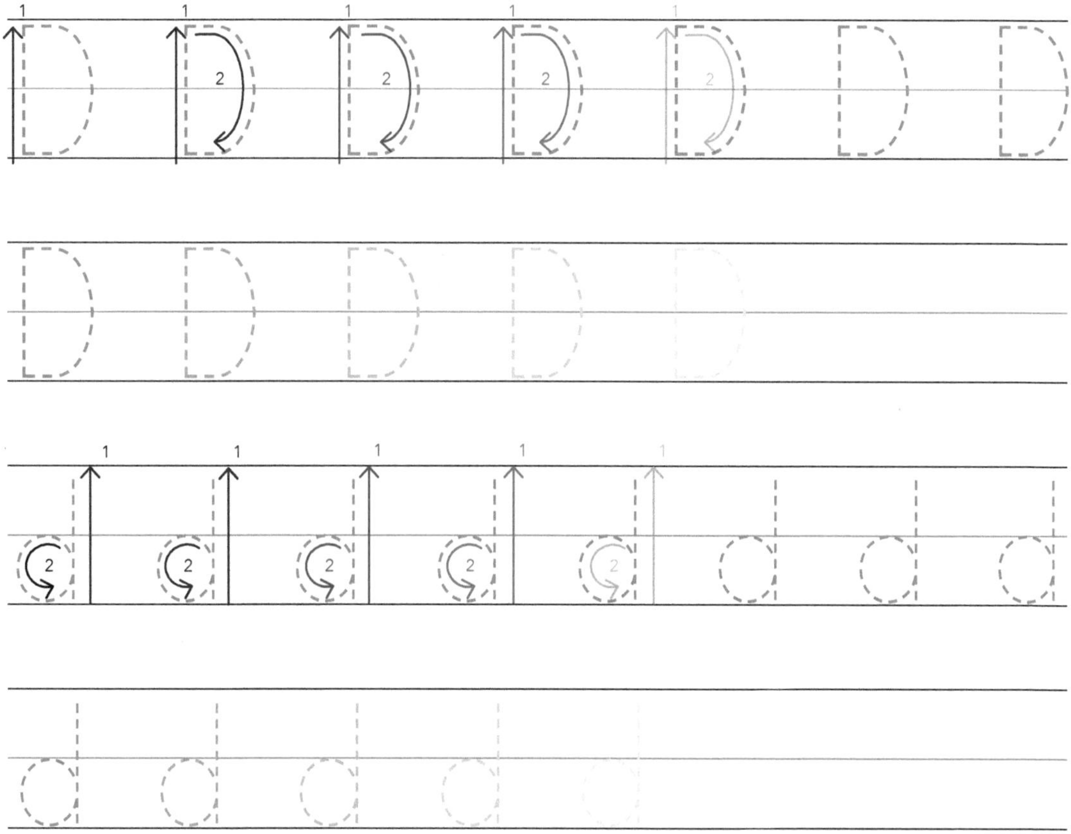

DDDDDDDDD

DDDDDDDDD

DDDDDDDDD

DDDDDDDDD

E

MOTS QUI COMMENCENT PAR E

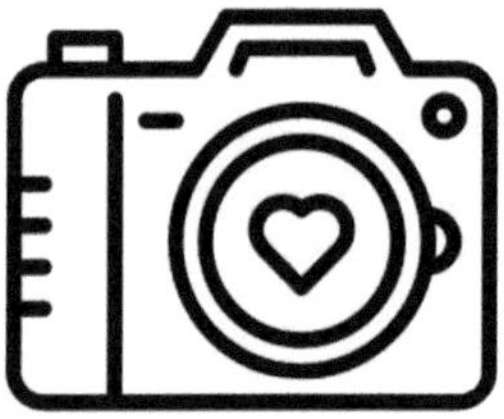

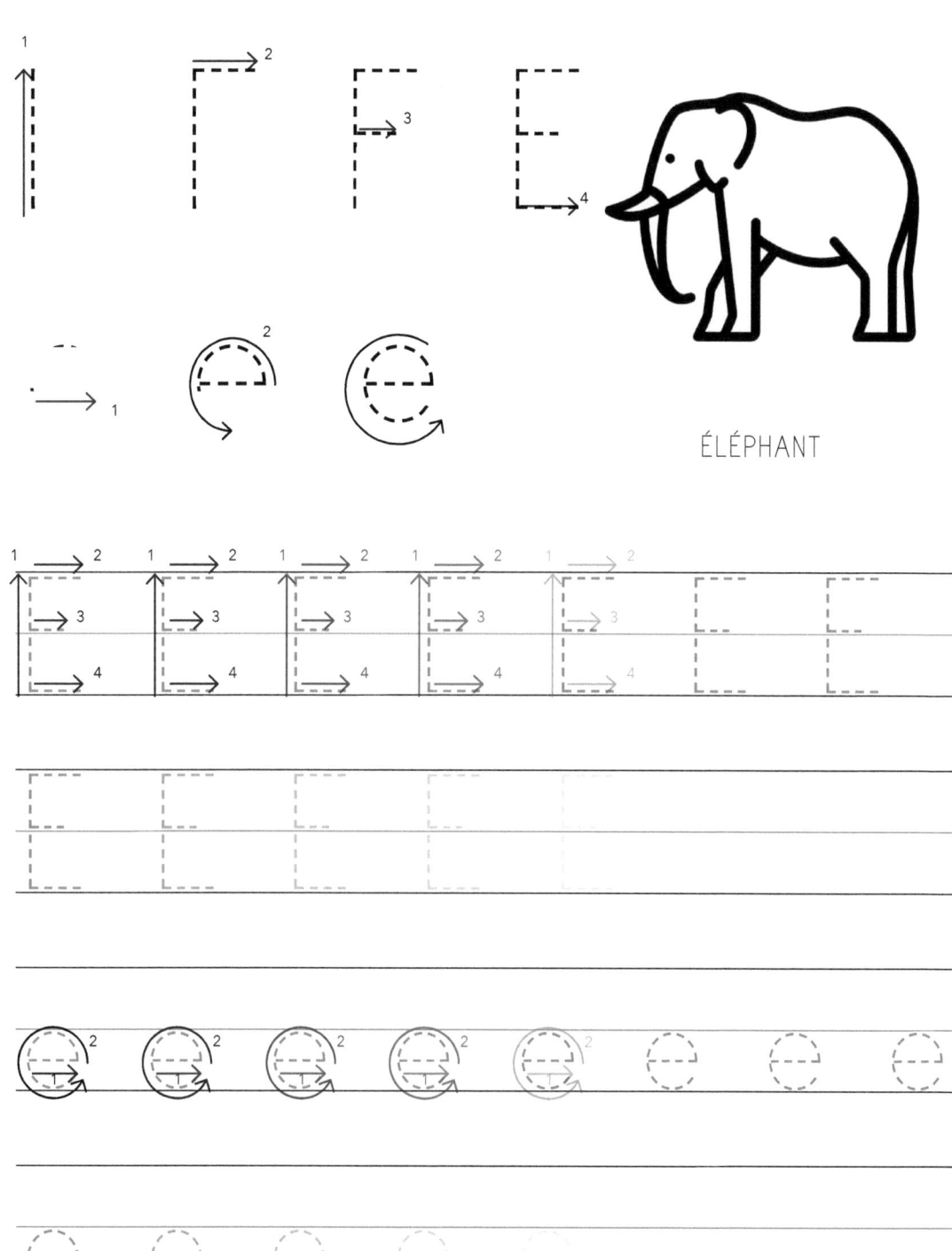

ÉLÉPHANT

F

MOTS QUI COMMENCENT PAR F

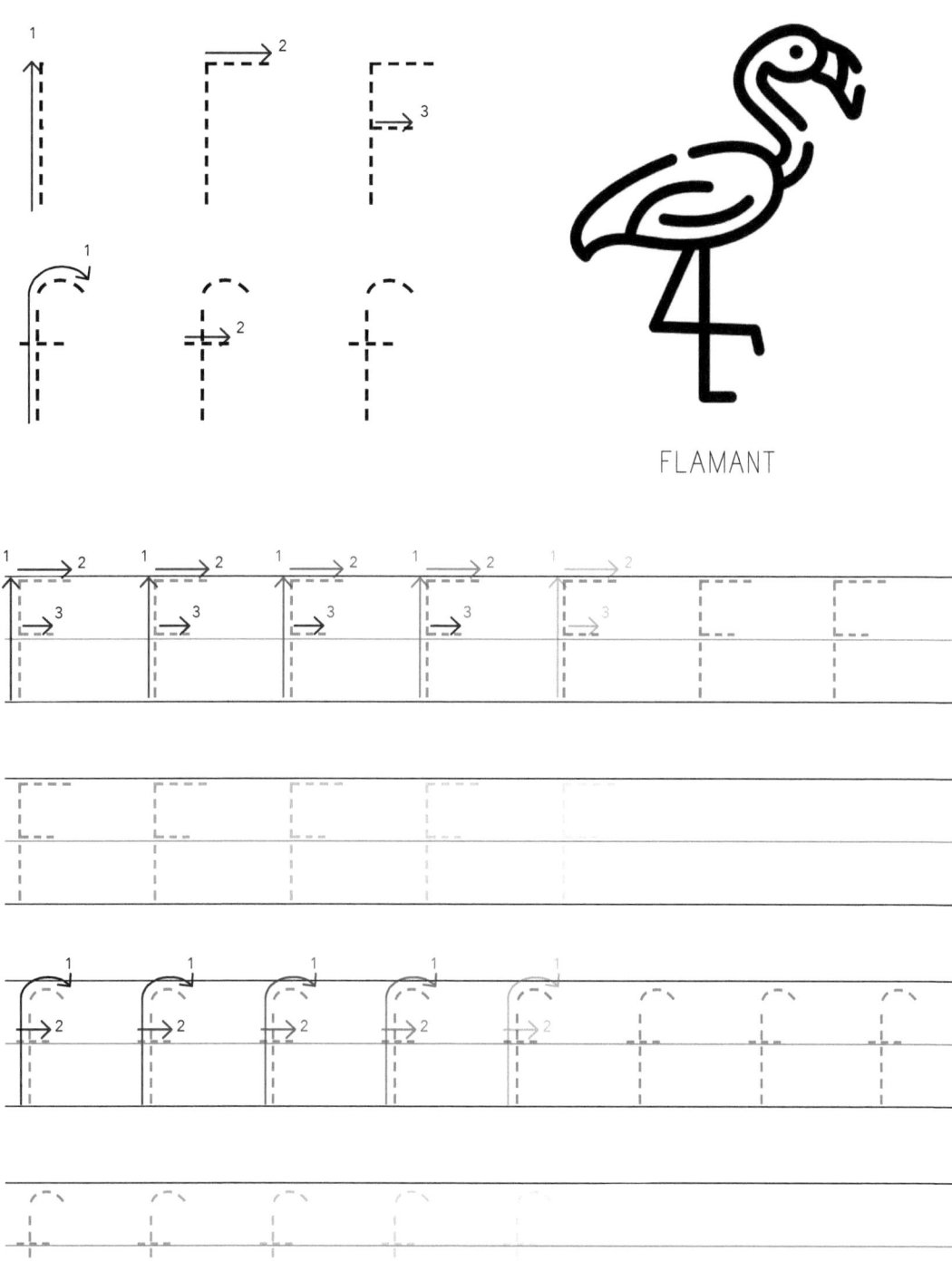

FLAMANT

G .....

MOTS QUI COMMENCENT PAR G

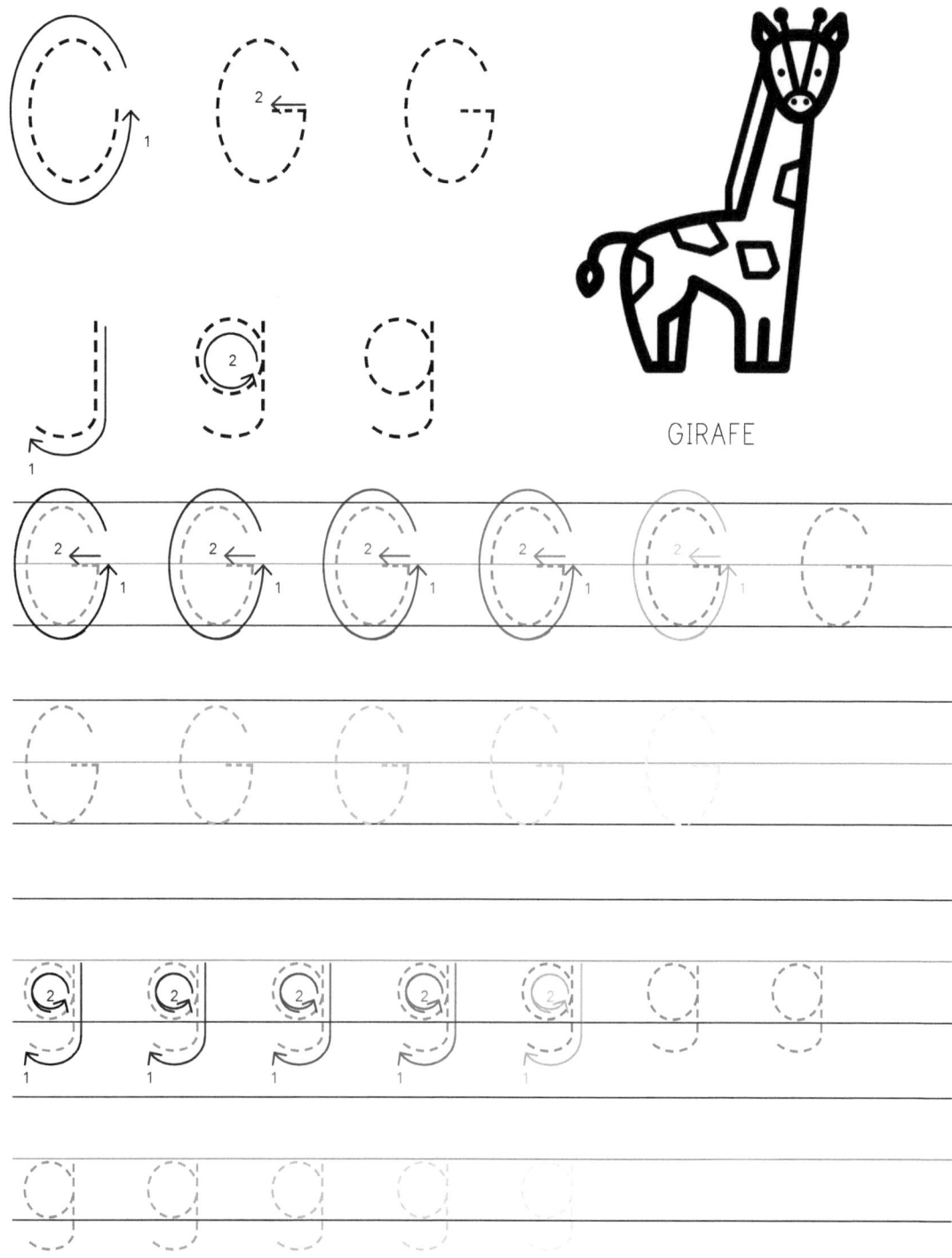

GIRAFE

H.....

MOTS QUI COMMENCENT PAR H

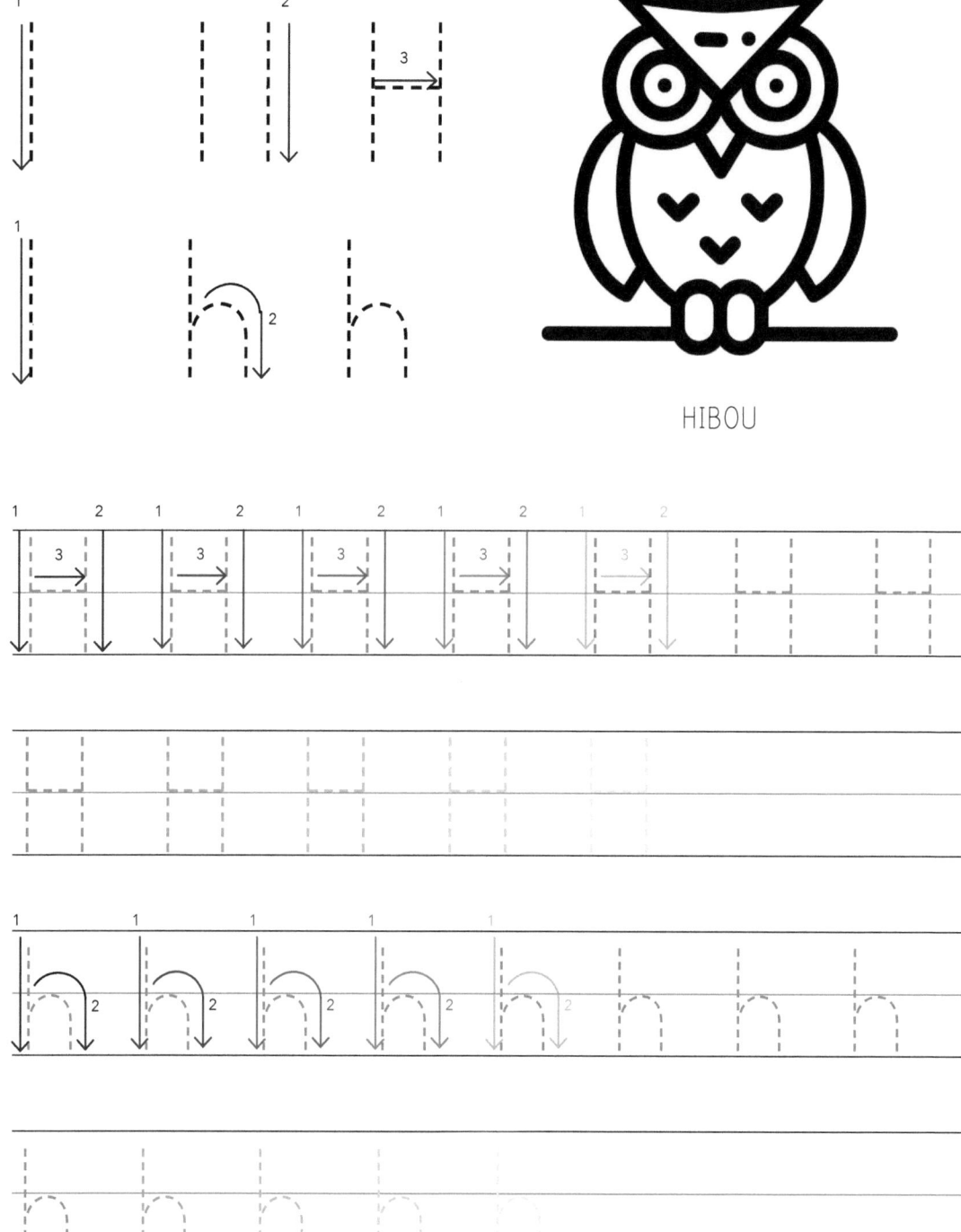

HIBOU

I

MOTS QUI COMMENCENT PAR I

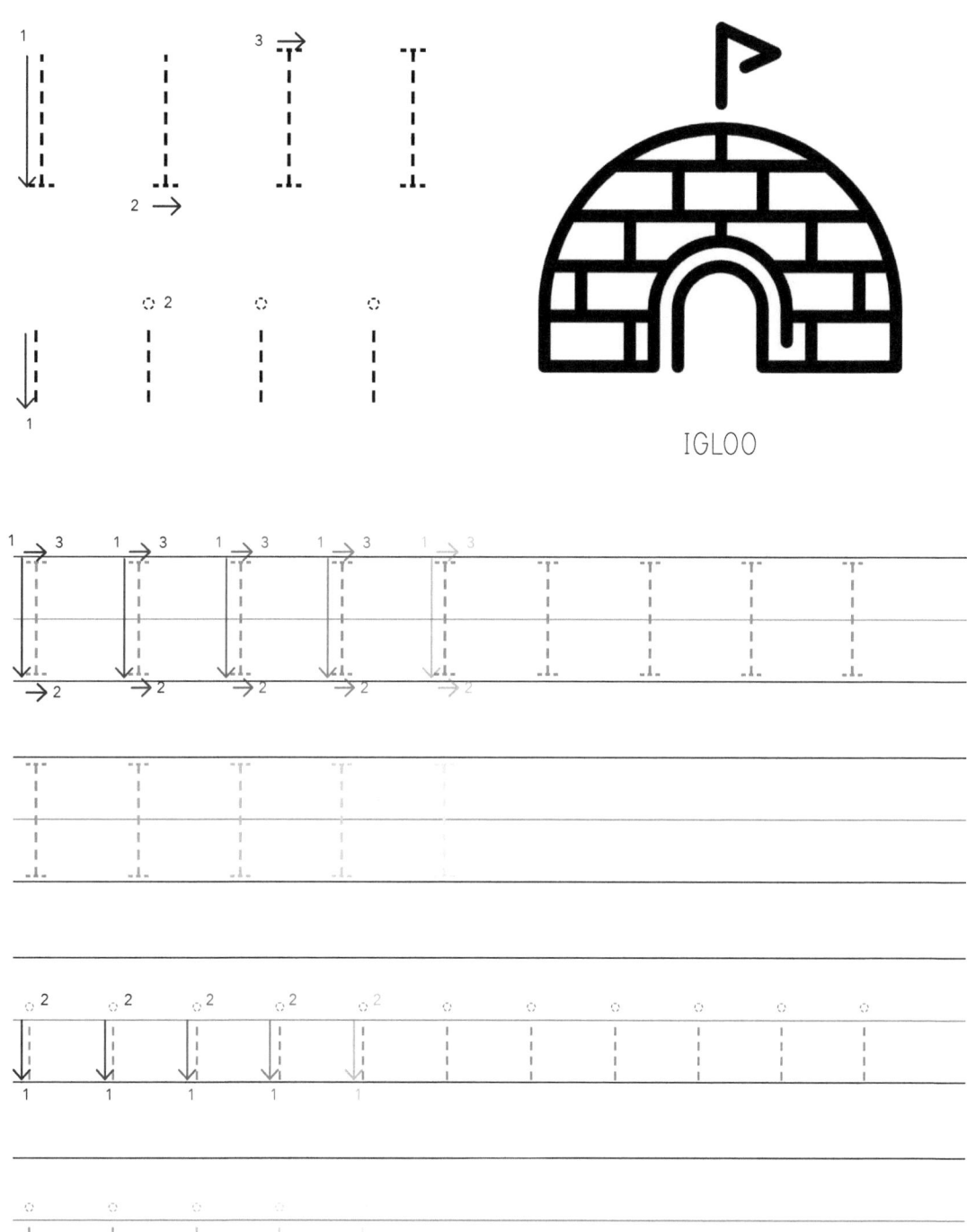

IGLOO

J

MOTS QUI COMMENCENT PAR J

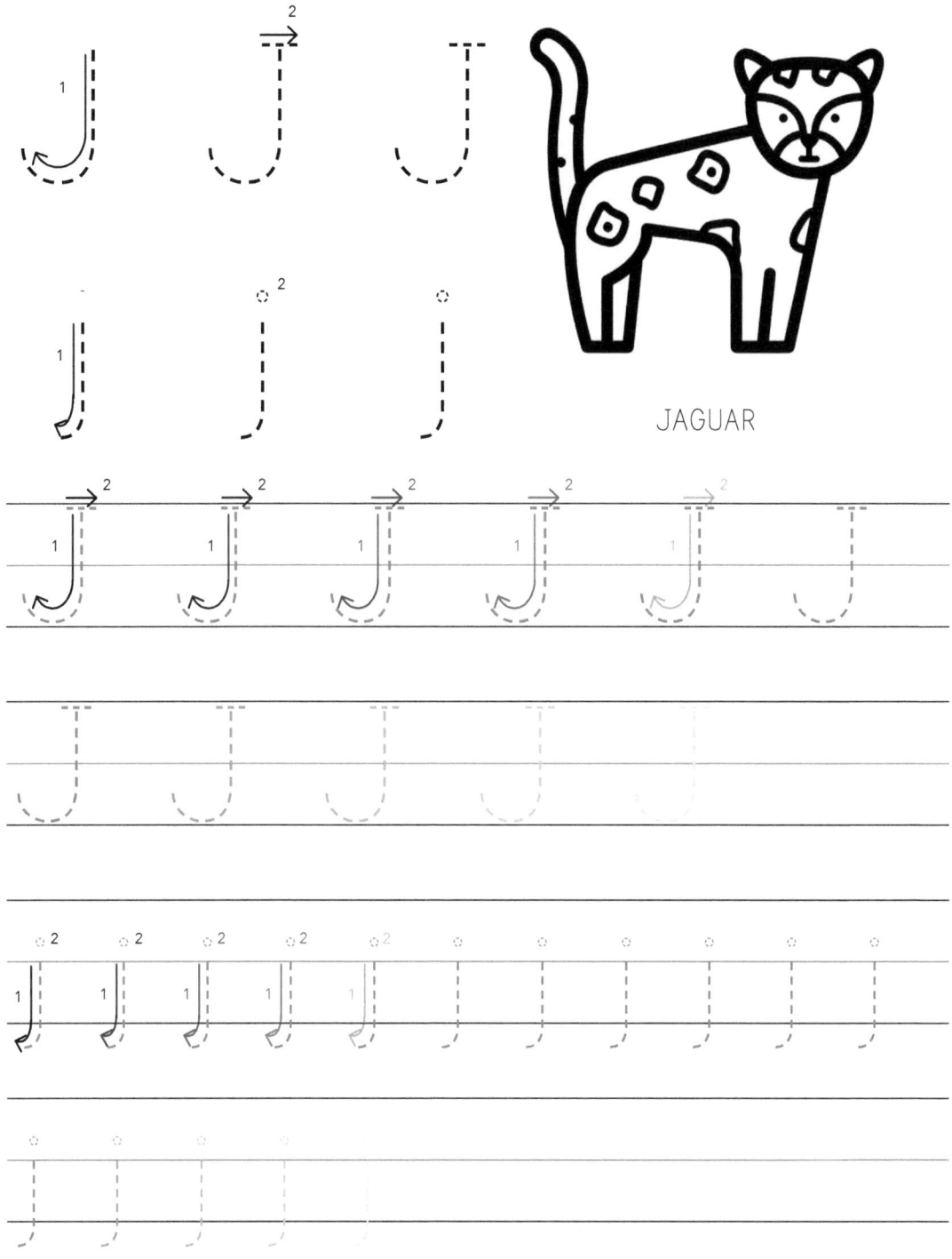

JAGUAR

K .....

MOTS QUI COMMENCENT PAR   K

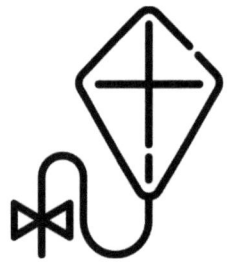

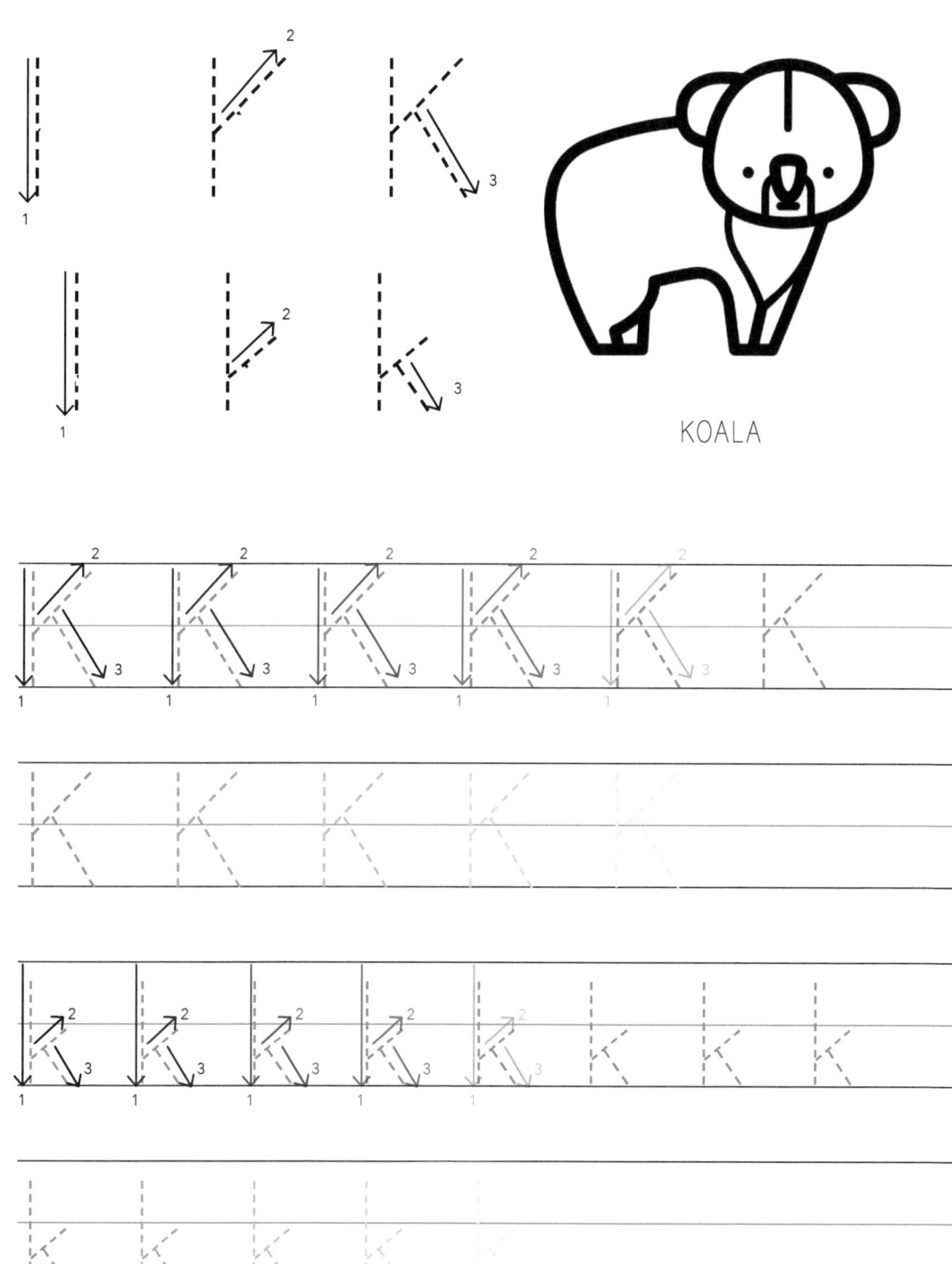

KOALA

L

MOTS QUI COMMENCENT PAR L

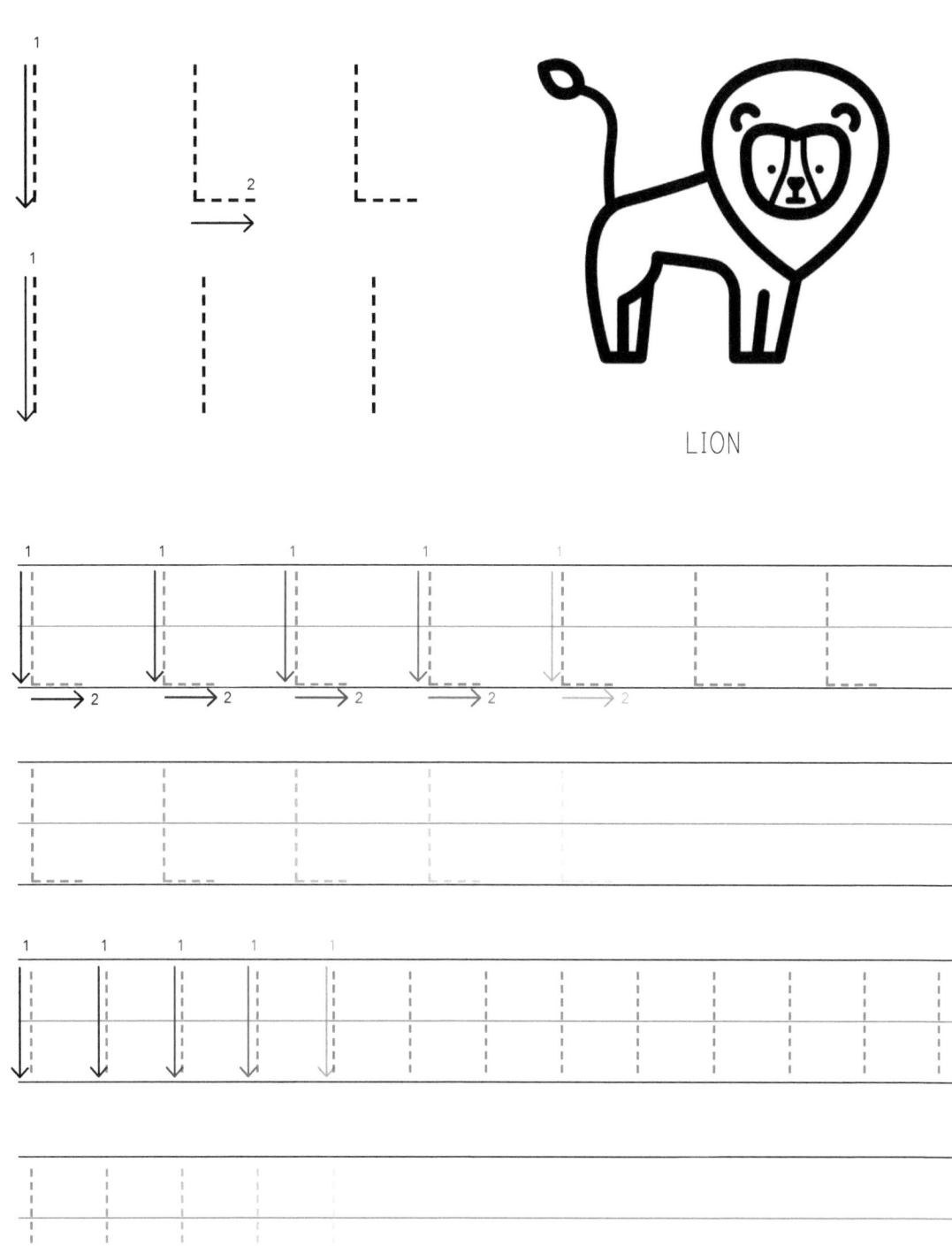

LION

M .....

MOTS QUI COMMENCENT PAR M

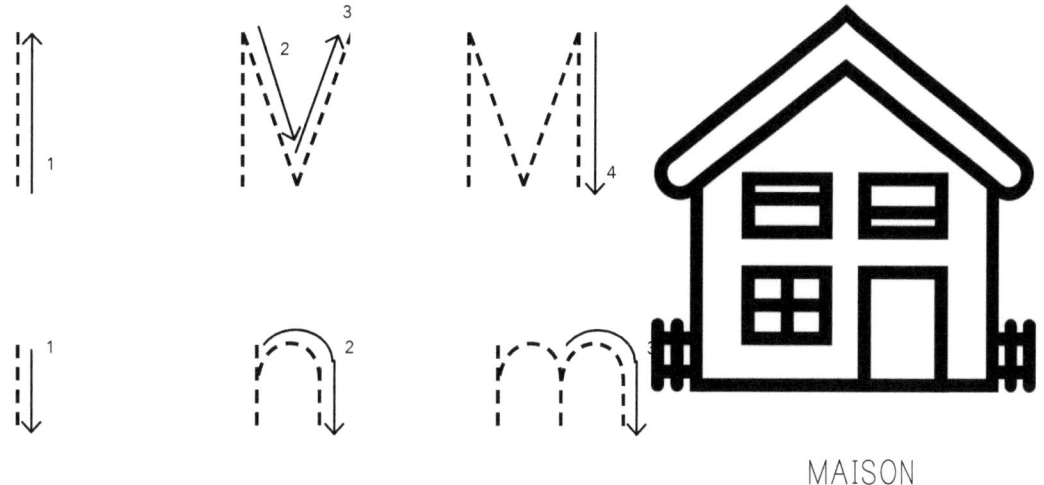

MAISON

N

MOTS QUI COMMENCENT PAR N

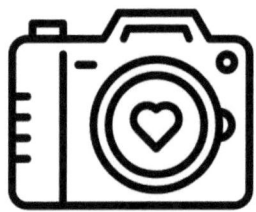

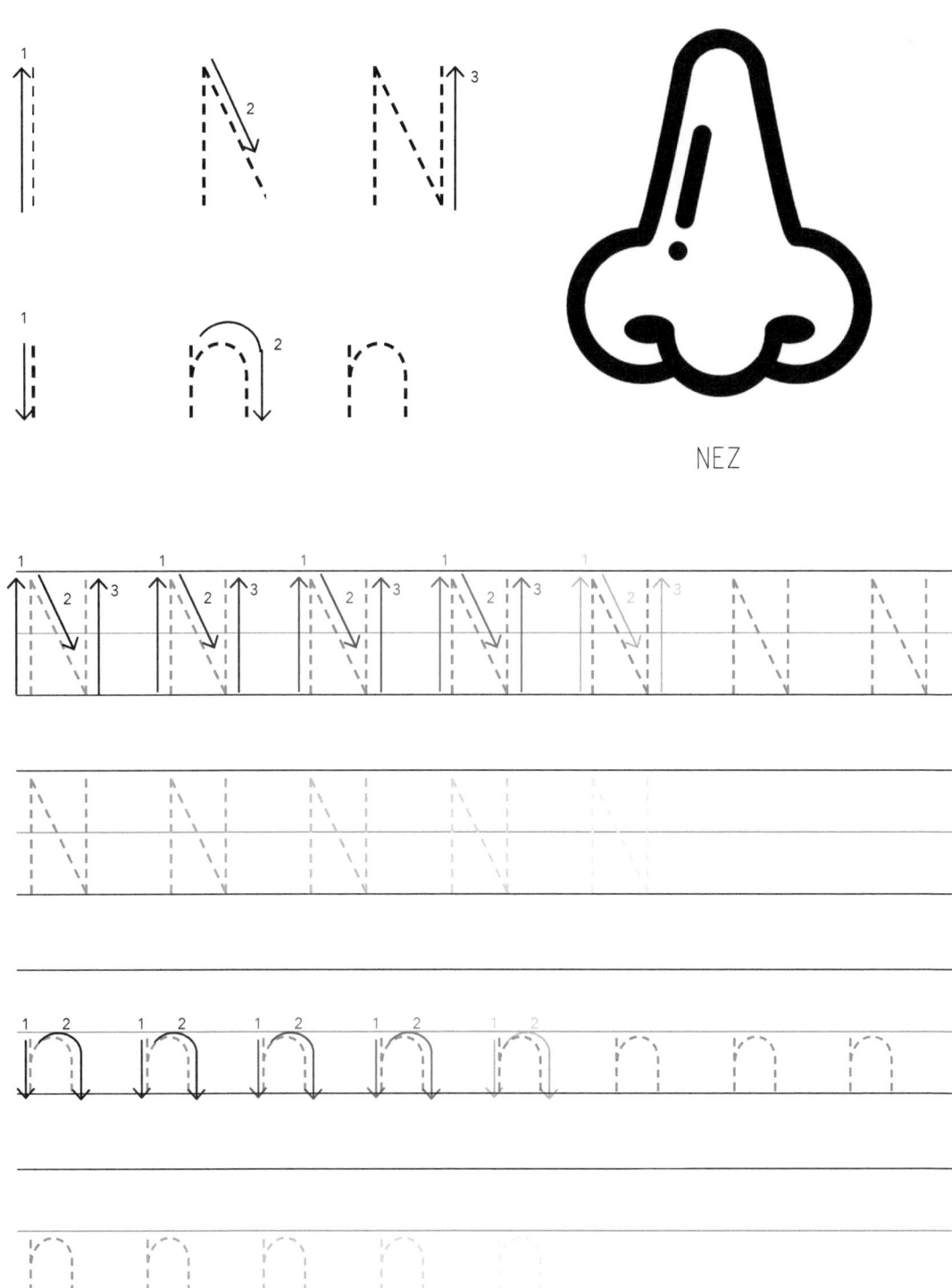

NEZ

O .....

MOTS QUI COMMENCENT PAR O

ORANGE

P......

MOTS QUI COMMENCENT PAR P

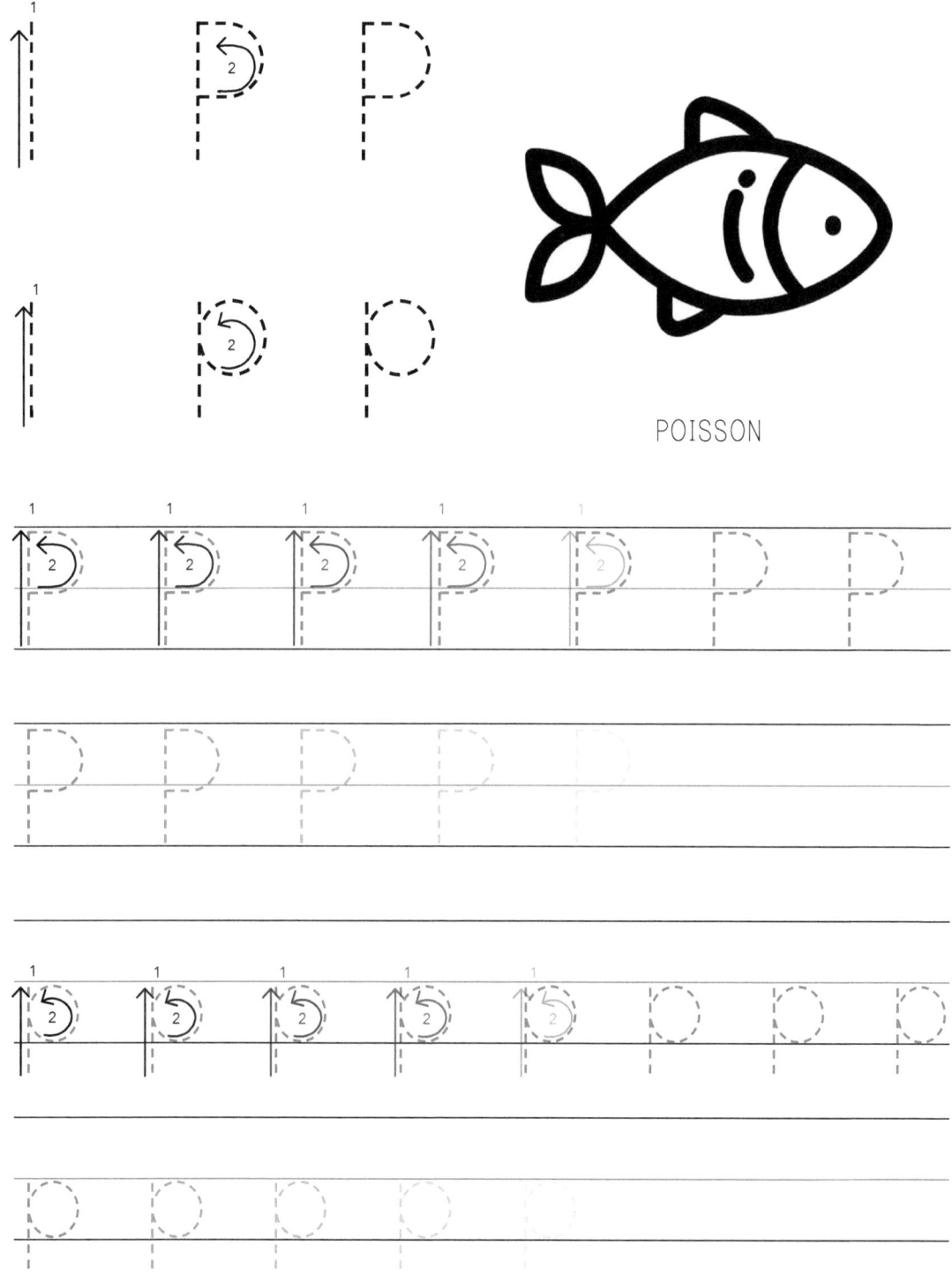

POISSON

Q

MOTS QUI COMMENCENT PAR Q

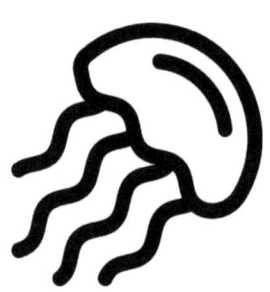 

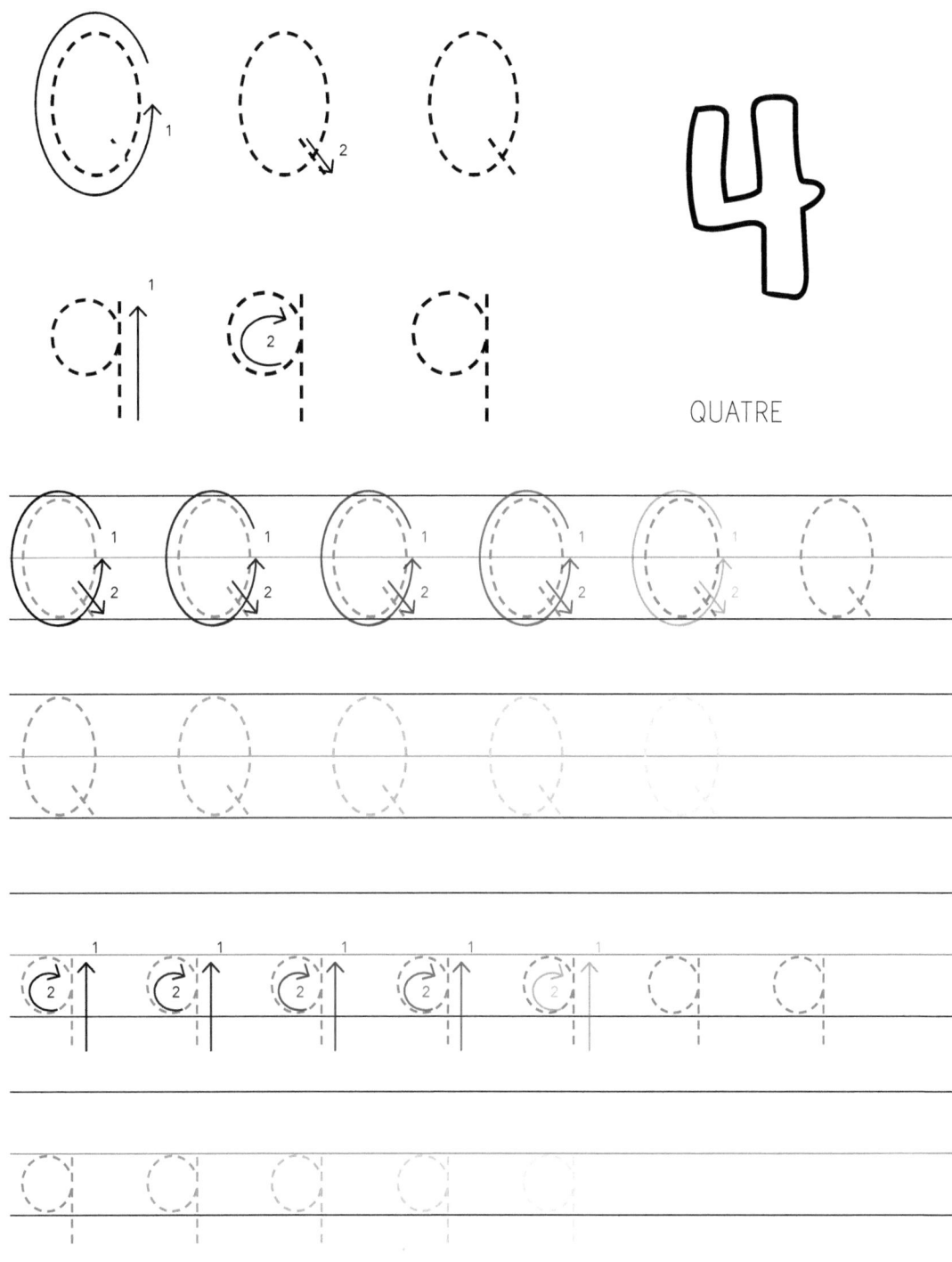

QUATRE

R

MOTS QUI COMMENCENT PAR R

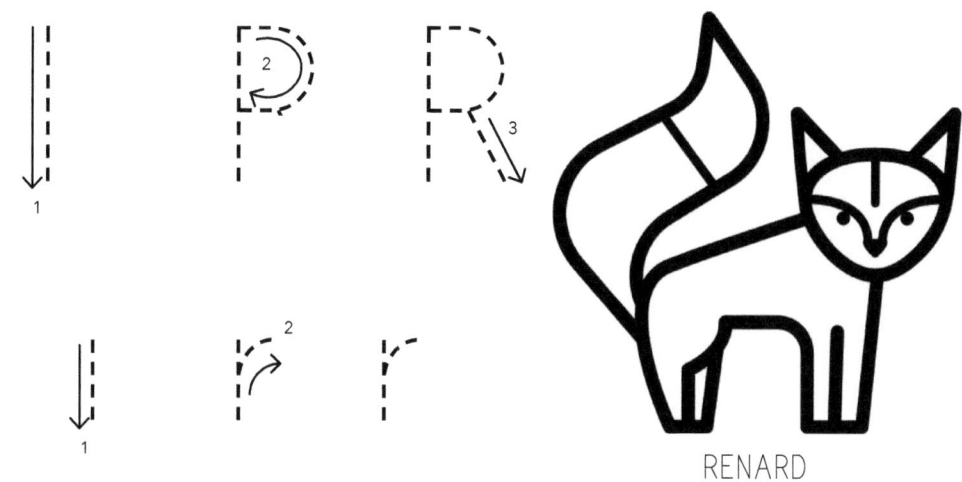

RENARD

S

MOTS QUI COMMENCENT PAR S

SERPENT

SSSSSSSSSSSSS

SSSSSSSSSSSSS

SSSSSSSSSSSSS

SSSSSSSSSSSSS

sssssssssssss

T

MOTS QUI COMMENCENT PAR T

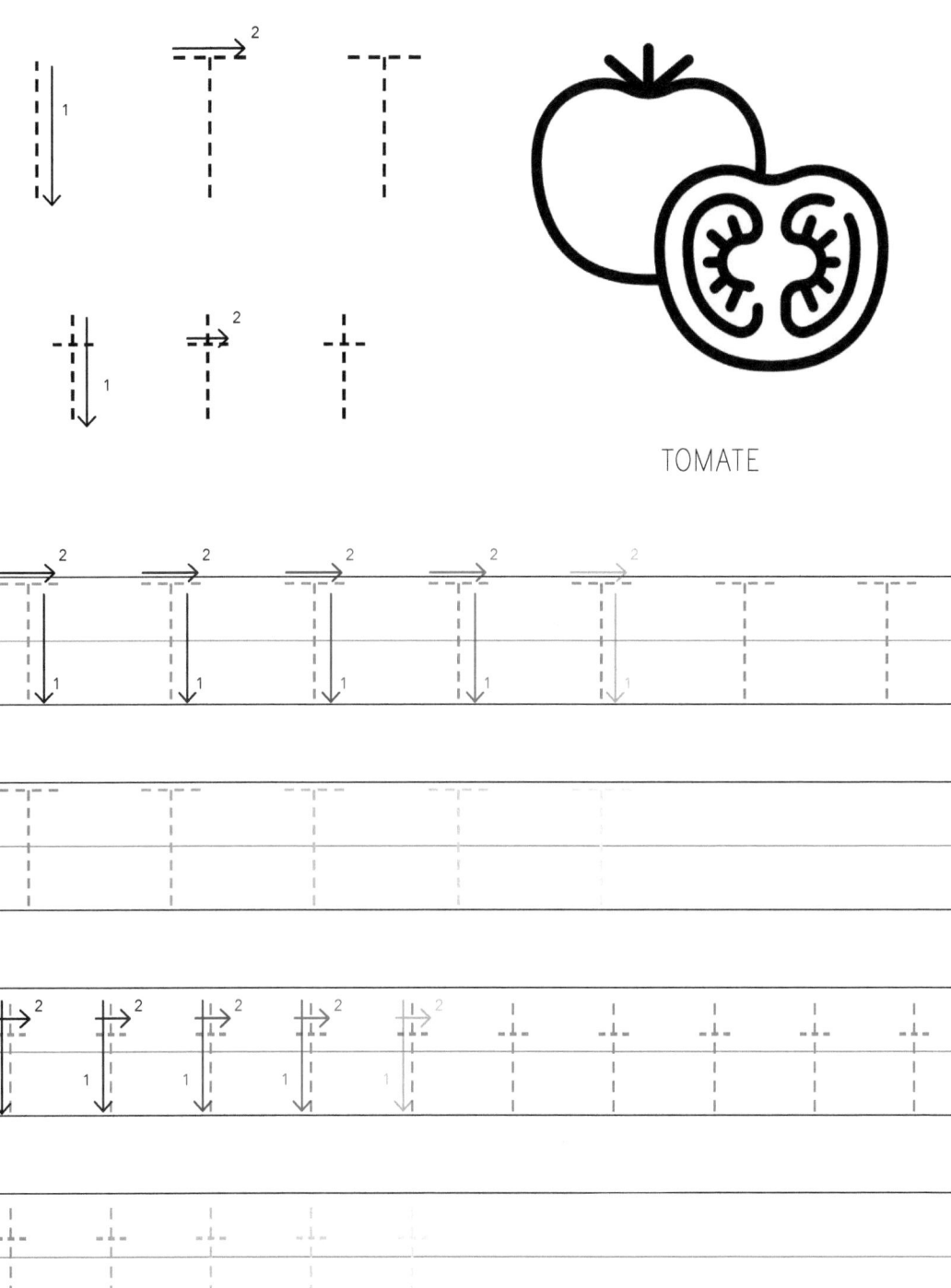

TOMATE

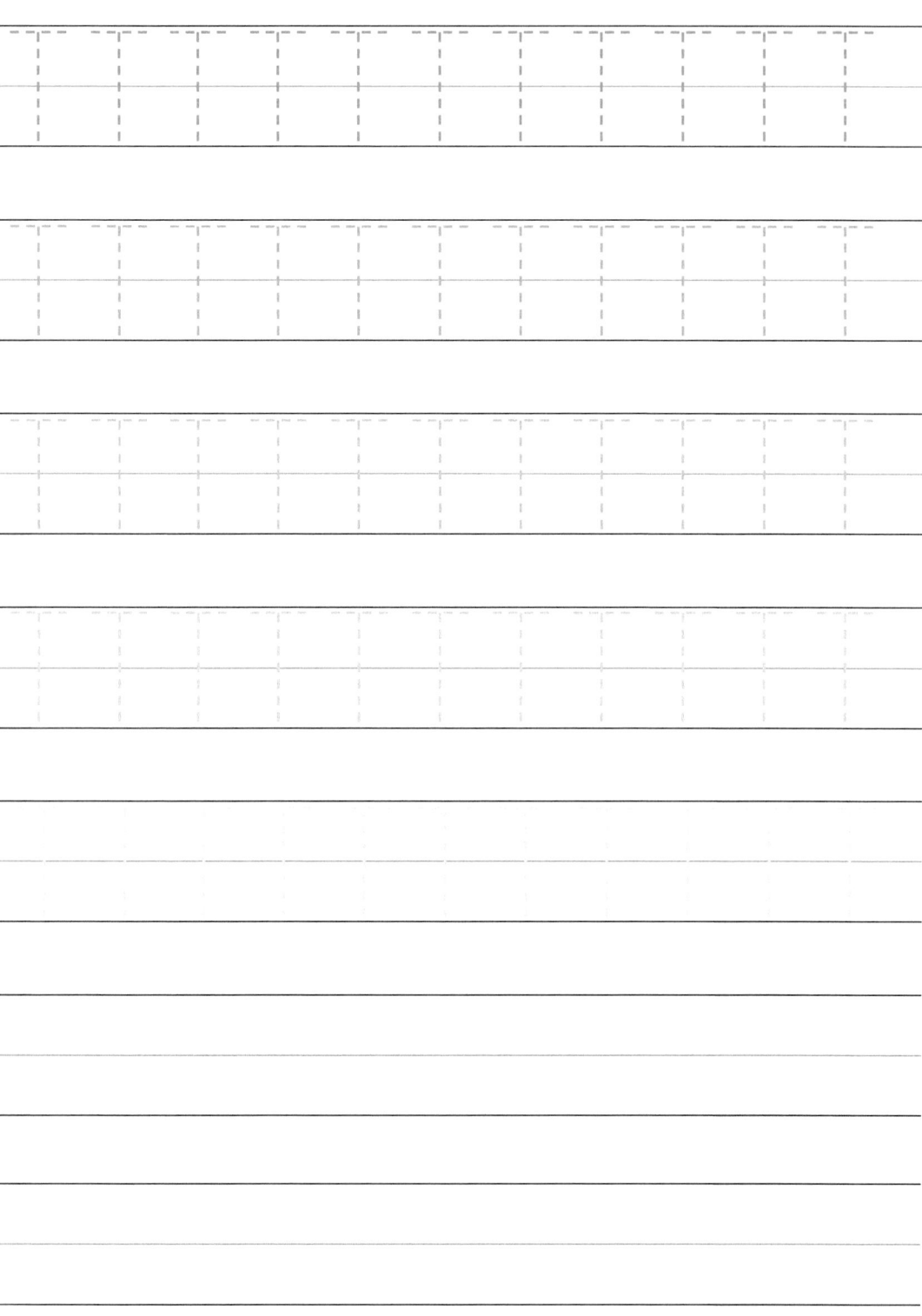

U

MOTS QUI COMMENCENT PAR U

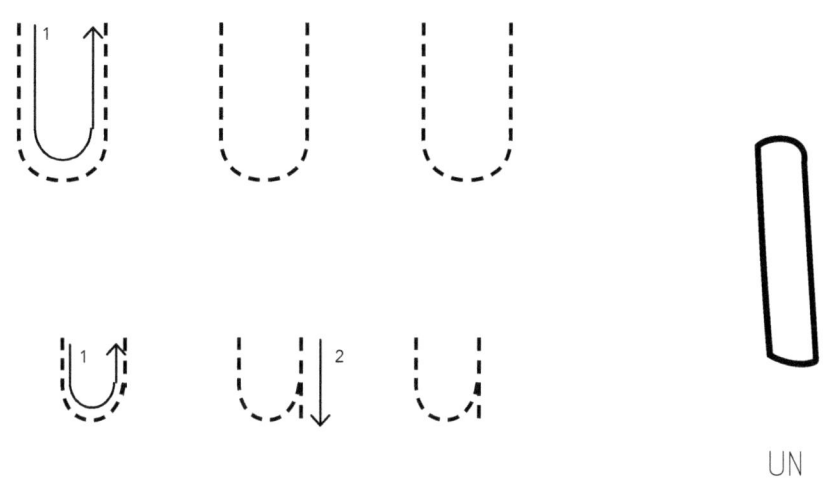

UN

V.....

MOTS QUI COMMENCENT PAR V

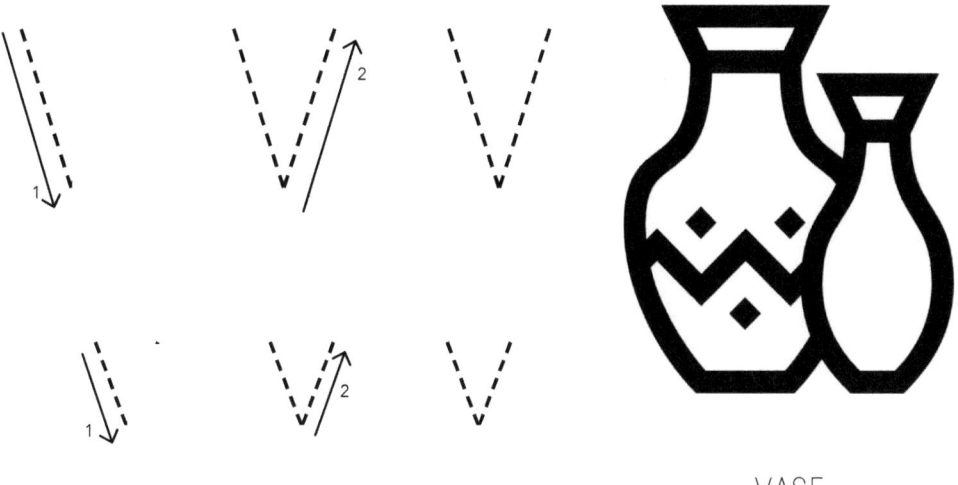

VASE

W

MOTS QUI COMMENCENT PAR W

WAGON

X

MOTS QUI COMMENCENT PAR X

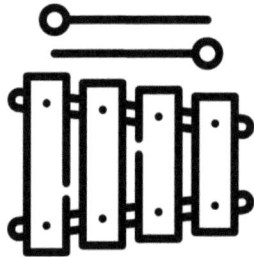

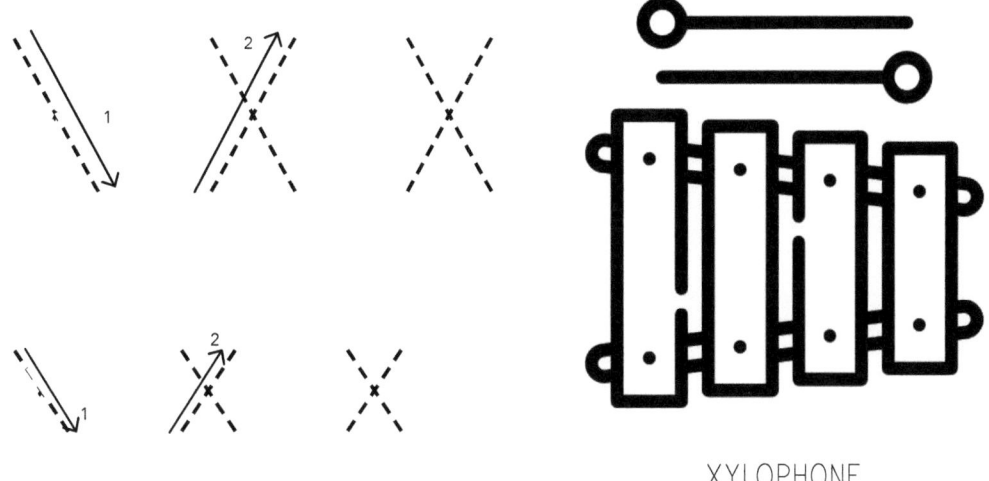

XYLOPHONE

Y

MOTS QUI COMMENCENT PAR Y

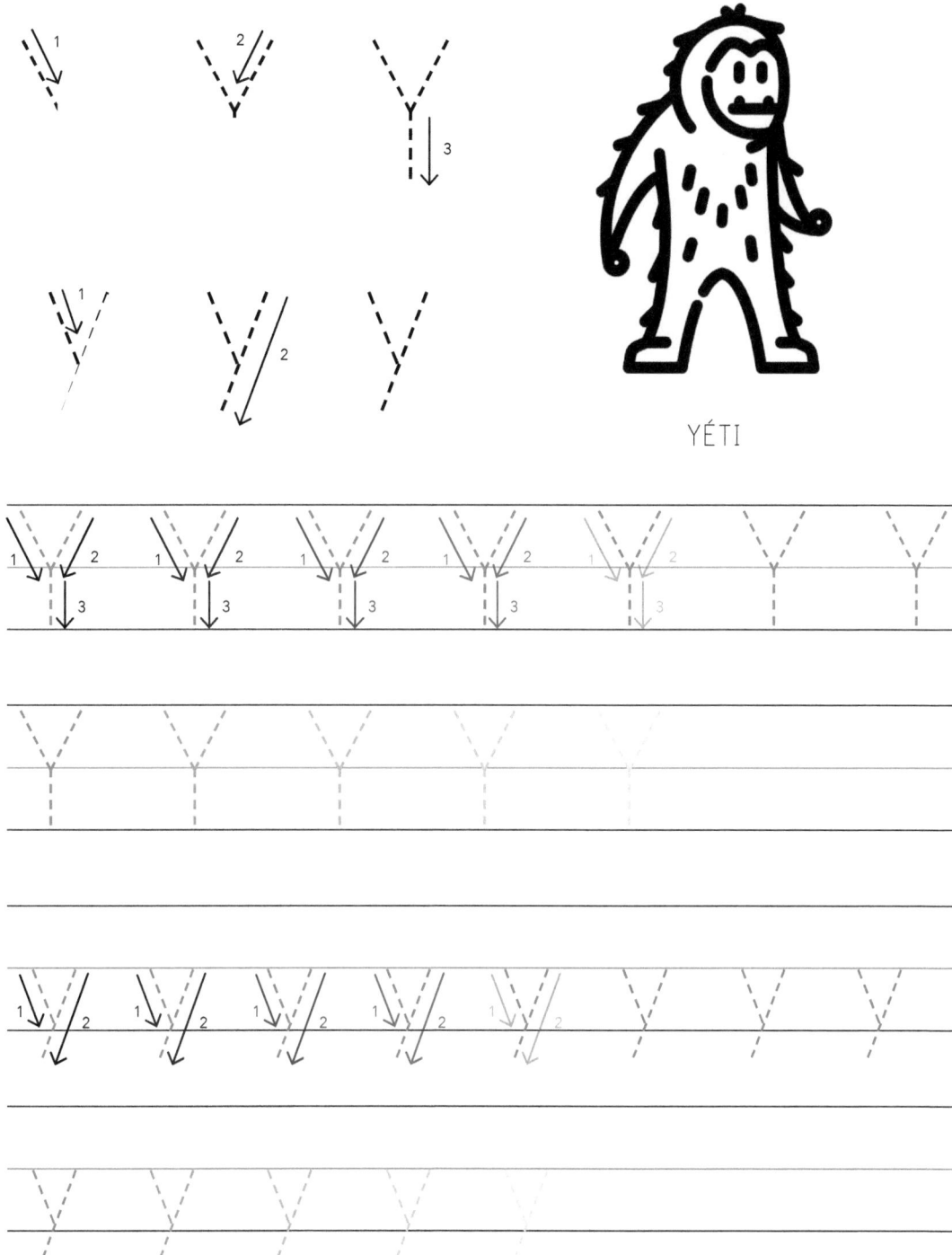

YÉTI

Z .....
MOTS QUI COMMENCENT PAR Z

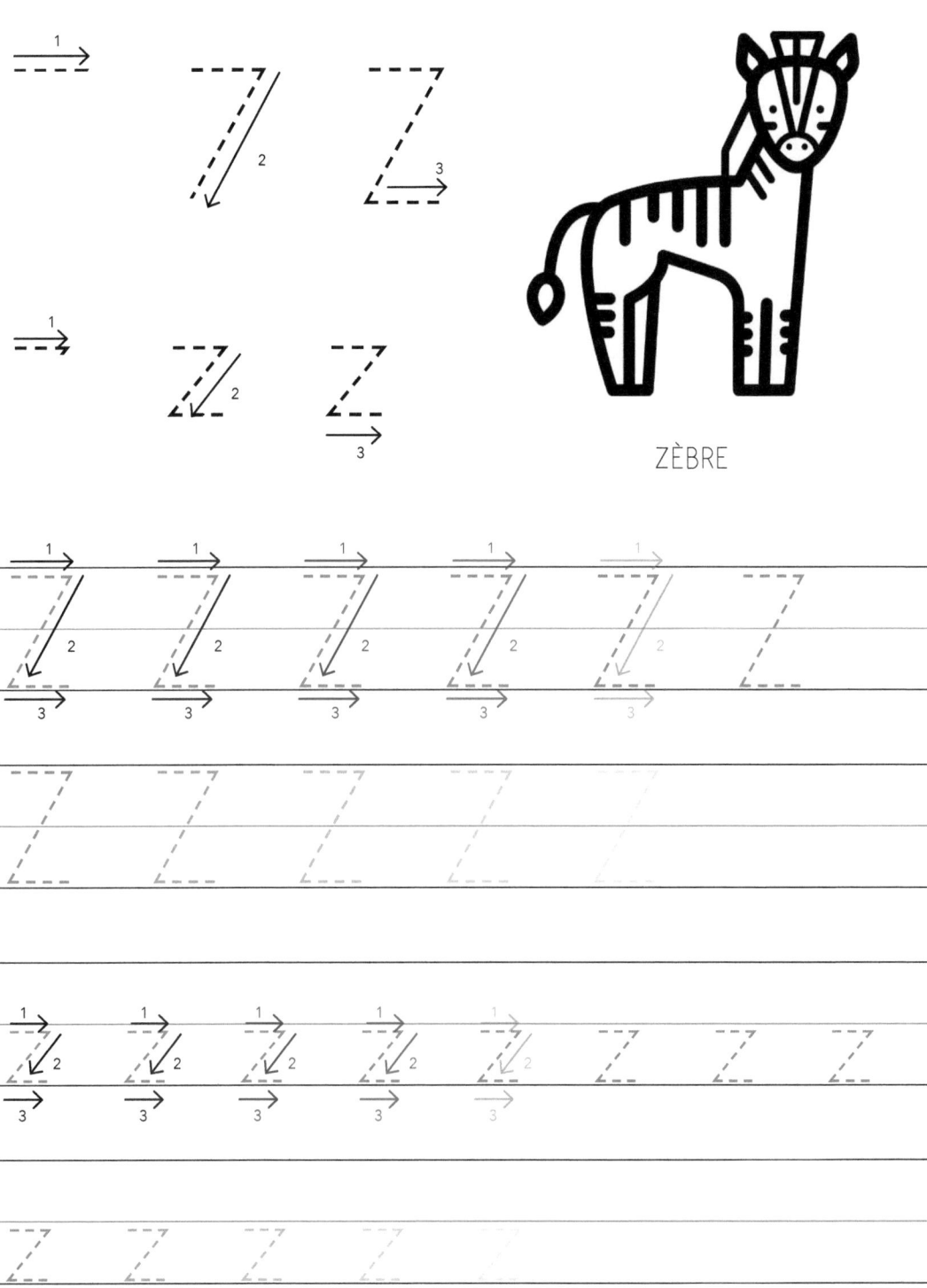

ZÈBRE

A B C D E

F G H I J

K L M N O

P Q R S T

U V W

X Y Z

a b c d e

f g h i j

k l m n o

p q r s t

u v w

x y z

Aa Aa Aa Aa

avion avion

ananas

ancre ancre

aquarium

agrafeuse

Bb Bb Bb Bb

bébé bébé

bleu bleu

banane

bateaux

balle balle

Bb Bb Bb Bb

Bebe Bebe

Bleu Bleu

Bobbie

Bateau

Balle Balle

Cc Cc Cc Cc

clown clown

chien chien

chat chat

caractère

cheval cheval

Cc Cc Cc Cc Cc

clown clown

chien chien

colori colori

cacahète

cheval cheval

Dd Dd Dd Dd

dinosaure

dommage

danger

domino

dauphin

Dd Dd Dd Dd

dinosaure

dommage

danger

domino

dauphin

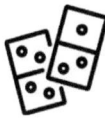

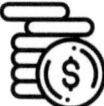

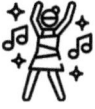

Ee Ee Ee Ee

éléphant

eau eau eau

étudiant

enfant

entendre

Le Le Le Le

éléphant

oeil oeil oeil

étudiant

enfant

entendre

Ff Ff Ff Ff

Fisch Fisch

flamant

famille famille

fleur fleur

_____

_____

Pp Pp Pp Pp Pp

paysan paysan

content content

sourire sourire

pied pied

Gg Gg Gg Gg

girafe girafe

guitare

gomme

guepe

Gg Gg Gg Gg

grate grate

guitar

gonne

guepe

Hh Hh Hh Hh Hh

homard

homme

hibou

hélicoptère

herbe herbe

Hh Hh Hh Hh

Ii Ii Ii Ii Ii Ii Ii Ii

Immeuble

idéal idéal

igloo igloo

Inde Inde

Italie

Jj Jj Jj Jj Jj

Jaguar

jaune jaune

joie joie joie

Jo Jo Jo Jo

joli joli joli

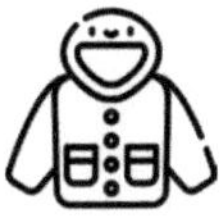

Kk Kk Kk Kk

koala koala

kiwi kiwi

kangourou

karaté

Kk Kk Kk Kk Kk

koala koala

kiwi kiwi

kangaroo

kite

L L L L L L L

lampe lampe

lapin lapin

Lion Lion

Lien Lien

Liberté

caja — caja

boca — boca

león — león

Mm Mm Mm

maison

musique

merci merci

mardi mardi

mousse

Mm Mm Mm

maison

muscle

mercredi mercredi

mad mad

mousse

Nn Nn Nn Nn

Nez Nez Nez

nouille

nuit nuit nuit

neuf neuf

nombre

Nn Nn Nn Nn

Nez Nez Nez

nouille

nuit nuit nuit

neuf neuf

nombre

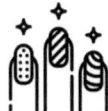

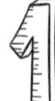

Oo Oo Oo Oo Oo Oo Oo Oo

opéra opéra

orteils orteils

ourson

oeuf oeuf

ongle ongle

Oo Oo Oo Oo Oo

open open

otters otters

orson

out out

oodles oodles

Pp Pp Pp Pp

pizza pizza

plante plante

police

pieds pieds

patins patins

Pp Pp Pp Pp

pizza pizza

plante plante

police

bleus bleus

poils poils

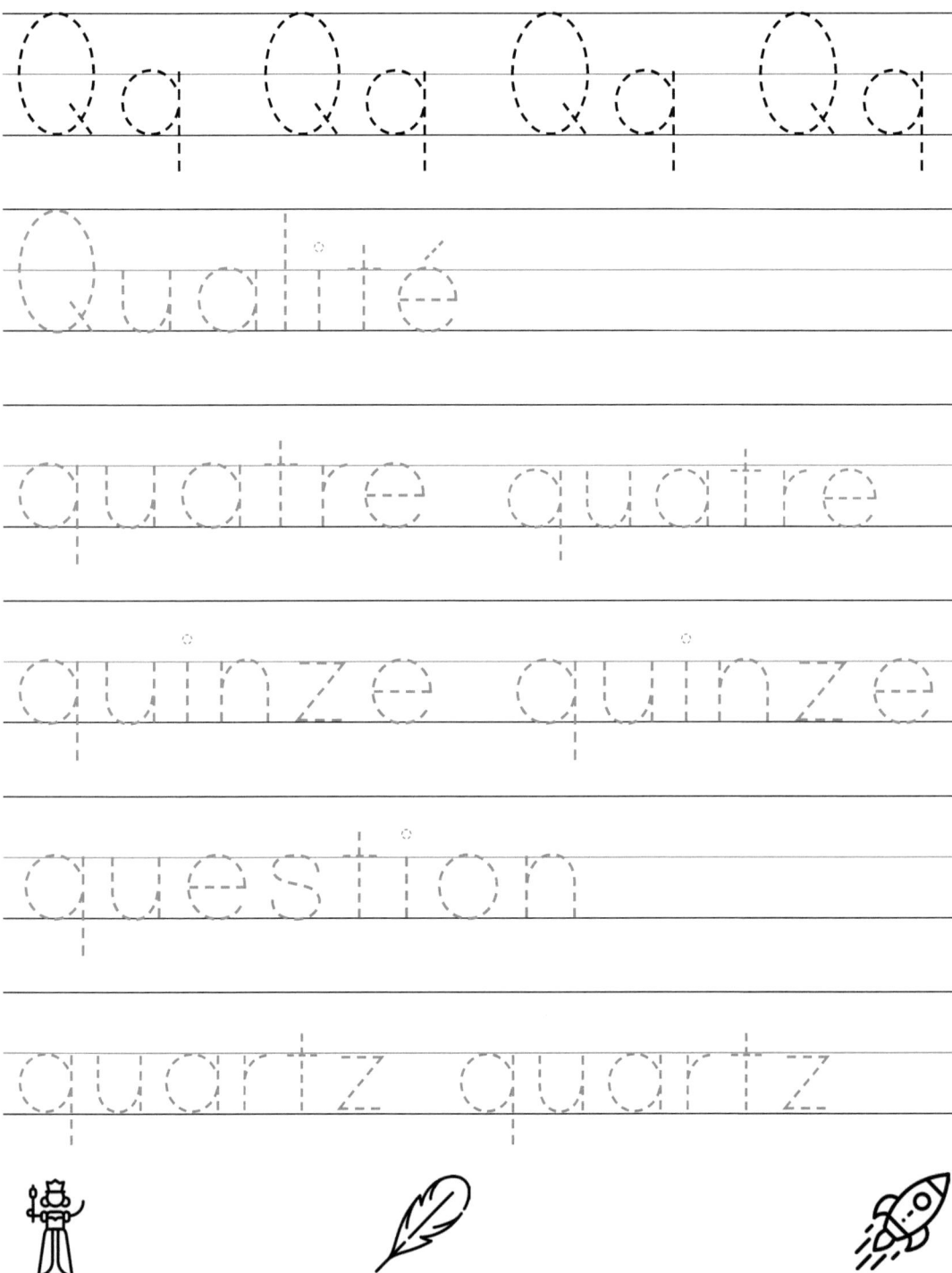

Qq Qq Qq Qq

Quote

quote quote

quiz quiz

Question

quiz quiz

Rr Rr Rr Rr Rr

rat rat rat

racine racine

radis radis

radio radio

renard renard

Rr Rr Rr Rr

rake rake rake

rabbit rabbit

rose rose

radio radio

record record

  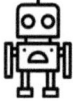

Ss Ss Ss Ss

singe singe

souris souris

squelette

saxophone

saule saule

Ss Ss Ss Ss Ss

stop stop

sours sours

soufflé

saxophone

soup soup

Tt Tt Tt Tt Tt

tatou tatou

taureau

trajet trajet

tracteur

tronc tronc

Tt Tt Tt Tt Tt

Tortue Tortue

Tourbillon

Trajet Trajet

Tracteur

Trafic Trafic

Uu Uu Uu Uu

unité unité

un un un un

usé usé usé

union union

usage usage

Uu Uu Uu Uu

unité unité

un un un un

usé usé usé

union union

usage usage

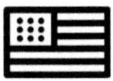

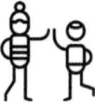

Vv Vv Vv Vv

Vampire

vase vase

violon violon

victoire

vin vin vin

Vv Vv Vv Vv Vv

vampire

vase vase

violon violon

victoire

vio vio vio

Ww Ww Ww Ww

wagon

wapiti wapiti

watt watt

Ww Ww Ww Ww

wood

wood wood

wolf wolf

Xx Xx Xx Xx Xx

Xylophone

Xénophobes

Xénon Xénon

 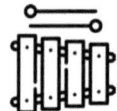 

Xx Xx Xx Xx Xx Xx Xx Xx Xx

Xylophone

Xenopterer

Xenon Xenon

Yy Yy Yy Yy Yy

yéti yéti yéti

yack yack yack

yoga yoga

yeux yeux

yucca yucca

y y y y y y y y y y

y-t y-t y-t

youx youx youx

yoyo yoyo

yeux yeux

yucca yucca

Zz Zz Zz Zz

zèbre zèbre

zébu zébu

zéro zéro

zeste zeste

zoo zoo zoo

Z z

Zz Zz Zz Zz Zz Zz Zz

zebra zebra

zoo zoo

zip zip

zesta zesta

zoo zoo zoo

Impressum

Feedback:
feedback@mertens-publication.de

Edition : Books on Demand,
12/14 rond-Point des Champs-Elysées, 75008 Paris
Impression : BoD - Books on Demand, Norderstedt, Allemagne
ISBN :
9782322134298

Mertens Ventures Ltd.
Tefkrou Anthia No 2 Office 301
6045 Larnaca
Zypern
E-Mail: kontakt@mertens-publication.de

Das Werk, einschließlich seiner Teile, ist urheberrechtlich geschützt. Jede Verwertung außerhalb der engen Grenzen des Urheberrechtsgesetzes ist ohne Zustimmung des Verlages und des Autors unzulässig. Dies gilt insbesondere für die elektronische oder sonstige Vervielfältigung, Übersetzung, Verbreitung und öffentliche Zugänglichmachung.

Dépôt légal : août 2019